L'OGRESSE,

OU

BELLE AU BOIS DORMANT,

Vaudeville-Folie-Comi-Parade

EN UN ACTE,

PAR MM. DÉSAUGIERS ET GENTIL;

Représenté, pour la première fois, à Paris, sur le Théâtre des Variétés, le 28 Août 1811.

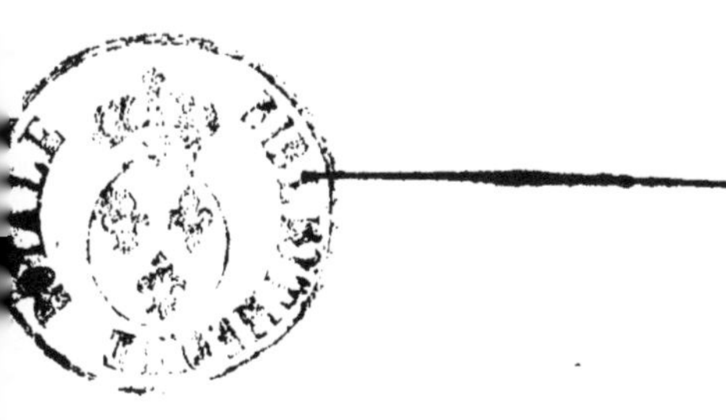

E L'IMPRIMERIE DE HOCQUET ET Cie,
RUE DU FAUBOURG MONTMARTRE, N°. 4.

PARIS,
Chez BARBA, Libraire, Palais-Royal, derrière le Théâtre Français, N°. 51.

1811.

PERSONNAGES.	ACTEURS.
BELLE-BELLE, fille du roi Cantalabutte.	M. *Brunet.*
Le Prince FORTUNÉ, amant de Belle-Belle.	M. *Potier.*
La reine de Mataquin, Ogresse et Fée.	M. *Tiercelin.*
L'AMOUR.	Mlle. *Pauline*
CASCARET, écuyer du prince Fortuné.	M. *Lefèvre.*
BARBARO, cuisinier de l'Ogresse.	M. *Fleury.*
BELPHEGOR, chef de démons.	M. *Becquet.*
Un Maître-d'hôtel.	
Hommes et Dames de la Cour.	
Démons, Gardes.	

L'OGRESSE,

OU

LA BELLE AU BOIS DORMANT,

Vaudeville-folie-comi-parade.

Au lever de la toile, on voit un très-beau lit de parade, fermé, sur lequel est censée reposer Belle-Belle. Tout ce qui compose sa cour est endormi, les uns sur des livres, les autres sur de la musique. Une cantatrice est debout devant un pupitre, la main levée comme pour battre la mesure, le maître-d'hôtel tient un plat de roti d'une main, et des œufs de l'autre; les gardes sont endormis sur leurs armes. Un perroquet dort sur son bâton, etc. Un dormeur tient une bouteille, un autre tient son verre. Un tambour est dans un coin. L'Amour entre furtivement, et regarde les dormeurs les uns après les autres.

SCENE PREMIERE.

L'AMOUR ET TOUS LES DORMEURS.

Air : *Une dame malade.*

Ah ! les bonnes figures !
L'un baille, l'autre rit,
Et dans quelles postures,
Le sommeil les surprit !
L'une s'endormit en chantant,
Et sa voisine en l'écoutant,
L'autre en montant la garde
Dort sur sa hallebarde,
Celui-ci prudemment
Ronfle sur un roman,
Le perroquet lui-même à son tour est parti,
Et le maître-d'hôtel s'endort sur le roti.

(*Il regarde Belle-Belle.*)

Pauvre petite! s'être vu condamnée en naissant par la plus

méchante et la plus laide des fées, à dormir pendant un siècle entier, à dater du jour où sa dix-huitième année serait accomplie !! au moment où, mère de trois enfans, elle commencerait à connaître le prix de la vie ! Quel raffinement de cruauté ! Eh ! pourquoi cela ? parce que le roi Cantalabutte, son père, n'avait pas invité la reine de Mataquin au repas qu'il donna le jour de la naissance de sa fille, à toutes les autres fées du pays ; une ogresse seule pouvait tirer une vengeance aussi prolongée d'un oubli involontaire.... Ah ! sans le pacte qu'elle a fait avec les puissances infernales.... mais patience, mes pauvres amis, vous touchez au terme de votre enchantement, et votre réveil sera mon ouvrage.

Air : *Tout comme a fait son père.*

Quel rôle plus doux pour l'Amour
Que de rendre à la vie
Des êtres que l'envie
A si long-tems privés du jour !
Quand je réveille
Cœur qui sommeille,
Quand je réveille
Jeune cœur qui sommeille,
Plus à l'hymen cela déplait,
Plus mon triomphe en est complet,
On sait (*bis.*) combien l'Amour se plait.
A faire le contraire
De ce que fait son frère. (*ter*)

(Le tonnerre gronde, l'heure sonne, et la porte du fond s'ouvre d'elle-même.)

Tu triomphes, Belle-Belle, le siècle est expiré, l'heure de ton réveil sonne, et déjà les portes de cette enceinte s'ouvrent au prince Fortuné, ton libérateur. Je l'entends, éloignons-nous.

(Il se cache derrière les rideaux de Belle-Belle.)

SCENE II.

FORTUNÉ, CASCARET.

CASCARET.

Mais voyez donc, Monsieur, comme toutes les portes s'ouvrent à notre approche !

FORTUNÉ, *armé de toutes pièces.*

Et as-tu remarqué comme les arbres qui défendaient l'entrée du château, se sont rangés pour nous faire passage ?

CASCARET.

Voilà ce qui s'appelle des arbres bien élevés !.... Mon dieu, que de dormeurs ! et sur pied encore.

FORTUNÉ.

Hé bien, Cascaret, que dis-tu de tout ce qui nous arrive?

CASCARET.

Ma foi, mon cher maître, je pense qu'il faut être bien entreprenant pour avoir entrepris une pareille entreprise.

FORTUNÉ.

J'obéis au destin ;d 'ailleurs, comptes-tu pour rien l'honneur de délivrer une princesse malheureuse, pour ne pas dire infortunée?

CASCARET.

Mais, Monsieur, depuis cent ans que cette princesse dort, elle ne doit pas être de la première jeunesse, et il faut avoir perdu la tête.

FORTUNÉ.

Que ta réflexion est bête!

CASCARET.

Vous n'en faites jamais d'autres; les femmes ont sur vous un empire inextinguible, et le premier petit nez retroussé vous ferait courir au bout du monde.

FORTUNÉ.

Qu'appelles-tu nez retroussé! ne sais-tu pas que cette intéressante victime.....

CASCARET.

Est la fille du roi Cantalabutte, vous me l'avez dit cent fois.

FORTUNÉ.

Ignores-tu que filleule de toutes les fées du pays....

CASCARET.

Elle a été douée de toutes les vertus, qualités, etc., qui peuvent concourir au perfectionnement d'une personne accomplie.

FORTUNÉ.

Faut-il que je t'apprenne que la méchante reine de Mataquin, appelée vulgairement et communément l'ogresse....

CASCARET.

Lui prédit qu'elle se piquerait la main d'un fuseau, et qu'elle dormirait cent ans....

FORTUNÉ.

Au bout desquels un chevalier aussi courageux que brave mettrait fin à son sommeil en la réveillant.

CASCARET.

Il y a un siècle que je le sais: j'ai été bercé avec cela.

FORTUNÉ.

Hé bien, Cascaret, les cent ans sont expirés et même révolus. J'ai juré d'être ce chevalier, et tu sais que quand je jure....

CASCARET.

Vous jurez bien : c'est une justice à vous rendre.

FORTUNÉ.

Poursuivons donc notre aventure.

CASCARET.

Ah ! Monsieur, affamés, altérés, harrassés comme nous le sommes!

FORTUNÉ.

Qu'importe? quand la gloire parle.

CASCARET

Et quand l'estomac crie!....

(Les rideaux du lit de Belle-Belle s'ouvrent.)

FORTUNÉ et CASCARET.

(Se tetournant d'un côté opposé l'un à l'autre, voyent l'un la princesse, l'autre les petits pâtés.)

Ciel ! que vois-je ?

FORTUNÉ.

Air : *Je n't'ai jamais vu comm' çà.*

J' n'ai jamais rien vu comm' çà,
Beauté divine !

CASCARET.

Quelle cuisine !

FORTUNÉ.

J' n'ai jamais rien vu comm' çà.

ENSEMBLE.

{Les friands morceaux que voilà.
{Le friand morceau que voilà.

FORTUNÉ.

Quoi ! butor, tu manges au lieu d'admirer ?

CASCARET.

Monsieur, l'un n'empêche pas l'autre.

FORTUNÉ.

Je gagerais, je parierais même que la belle qui dort sur ce lit, n'est autre que la Belle au bois dormant, et je vais...

CASCARET.

A jeûn ! qu'allez-vous faire ?

FORTUNÉ.

En effet, Cascaret, tu pourrais bien avoir quelque raison.

CASCARET.

Déjeûnons, Monsieur, croyez-moi, et votre belle n'y perdra rien.

(Il prend des petits pâtés dans la corbeille que tient le maître-d'hôtel.)

Les petits pâtés ne sont pas très-chauds.

FORTUNÉ.

Comment veux-tu, butor, qu'au bout de cent ans ces petits pâtés aient conservé cette chaleur qui les distingue....

(Regardant Belle-Belle.)

Quel air de jeunesse!

CASCARET.

Monsieur, veut-il des œufs frais?

FORTUNÉ, *regardant Belle-Belle.*

Quelle fraîcheur!

CASCARET, *appercevant un des dormeurs qui tient une bouteille.*

Ah! Monsieur, du vin! J'espère qu'il est vieux celui-là.

(Il va prendre la bouteille des mains du dormeur, en lui disant:)

Avec votre permission, sans vous déranger.

(Il offre du vin au prince Fortuné.)

FORTUNÉ.

Ne m'en donne qu'un doigt; j'ai besoin de ma tête.

(Cascaret verse à Fortuné qui laisse emplir son verre, et quand le verre est plein, il l'arréte.)

Assez, c'est simplement pour le goûter.

(Il boit d'un trait.)

CASCARET.

Après vous, s'il en reste. A votre santé, Monsieur; à celle de votre belle endormie, et de toute la société.

(Il boit, et va remettre la bouteille et les verres entre les mains des dormeurs à qui il les a pris.)

FORTUNÉ.

Y en a-t-il encore?

CASCARET.

Non, Monsieur.

FORTUNÉ.

En ce cas, c'est assez.

Air : *Tandis que tout sommeille*

Tandis que tout sommeille
Dans la chambre à coucher;
C'est l'instant d'appocher...
Quelle couleur vermeille!
Ah! si j'osais,
J'imprimerais
Sur ces lèvres de rose...
Mais non, en délicat amant,

(Il apperçoit une mandoline dans les mains d'une dormeuse.)

Prenons plutôt cet instrument,
Et pour l'éveiller plus gaîment,
Pinçons lui quelque chose.

CASCARET.

Monsieur, si vous lui pinciez cela sur l'air : *Trémoussez-vous, belle.*

FORTUNÉ.

Mais Cascaret, je n'y vois ni obstacle, ni empêchement.

CASCARET.

Hé bien, Monsieur, ferme sur la chanterelle !

FORTUNÉ.

Air : *Rien n'était si joli qu'Adèle.*

Beauté sur le sort de laquelle
Le plus tendre ami
A trop long-tems gémi,
N'avez-vous pas assez dormi ?
Réveillez-vous,
Belle aux yeux doux !
Il fait grand jour,
De par l'amour,
Réveillez-vous, belle,
De par Cupidon,
Princesse, réveillez-vous donc.

CASCARET, *voyant qu'elle ne s'éveille pas.*

Monsieur, c'est comme si vous chantiez : elle n'en ronfle que mieux. Mais il me vient une idée.

FORTUNÉ.

Qu'est-ce ?

CASCARET.

Si je prenais cette caisse, et que je vous en accompagnasse ?

FORTUNÉ.

Je n'y vois point d'inconvénient : mais chantons ensemble, çà fera plus de bruit.

(*Cascaret prend le tambour, et fait un roulement.*)

FORTUNÉ.

Hé bien, butor, que fais-tu là ?

CASCARET.

Je vous donne la mi la.

FORTUNÉ.

Hé bien, partons de là.

Même air que le précédent.

ENSEMBLE.

Cessez, cessez d'être rébelle,
Au tendre sabat
De ce tambour qui bat.
Ah ! pour finir { mon / son } célibat
Réveillez-vous,
Belle aux yeux doux,

Il fait grand jour ;
De par l'Amour,
Réveillez-vous belle.
De par Cupidon ,
Princesse, réveillez-vous donc !

(*Cascaret roule de plus fort en plus fort, jusqu'à la fin du refrain.*)

FORTUNÉ.

Rien! c'est donc une marmotte?

CASCARET.

Je ne vois plus qu'un moyen. J'ai aperçu un canon dans la grande cour, je vais le chercher.

FORTUNÉ, *avec sévérité.*

Pour lui briser le timpan, sans doute! vous êtes encore d'un plaisant calibre avec votre canon!

CASCARET.

Dame, Monsieur, c'est une idée qui m'avait souri.

FORTUNÉ.

Il m'en vient une meilleure.... Puisque tout ce que lui ai pincé n'a pu la réveiller, si je lui pinçais l'oreille!

CASCARET.

C'est juste: elle y sera plus sensible.

FORTUNÉ.

D'ailleurs, tu sais que l'oreille est le chemin du cœur.

CASCARET.

Monsieur, je ne crains qu'une chose, c'est le déluge de paroles dont elle va nous inonder.

FORTUNÉ.

Il est sûr que si elle parle aussi long-tems qu'elle a dormi, nous en aurons pour quelques heures.... mais je le risque.

Air : *Tarare ponpon.*

Toi, qui depuis cent ans,
Esclave d'une fée,
Sous les lois de Morphée
De ronfler eus le tems,
Dormeuse sans pareille,
Ouvre les yeux au jour.
(*il lui pince l'oreille.*)

BELLE-BELLE, *jettant un cri.*

Qui me pince l'oreille ?

(*Un petit Amour sort de derrière ses rideaux et chante avec Fortuné et Cascaret.*)

L'Amour !

(*Belle-Belle ouvre les yeux, étend les bras, et témoigne sa surprise de voir un homme. Fortuné se jette à ses pieds.*)

L'Ogresse.

BELLE-BELLE.

O ciel ! que vois-je ? un jeune homme auprès de mon lit ! quelle audace ! quel scandale ! Holà, mes gens ! N'approchez pas, téméraire, fuyez.

(Fortuné lui met une main sur la bouche, et lui présente l'autre pour l'aider à descendre du lit. Ce mouvement de scène se fait pendant les deux couplets suivans.)

(L'Amour sort de dessous le rideau, et va toucher de son flambeau tous les dormeurs.)

L'AMOUR, *aux femmes.*

Air : *Allez-vous en, gens de la noce.*

Vous, que sous leurs pavots enchaînent,
Le mariage et le sommeil.
Je romps les nœuds qui vous retiennent ;
C'est l'instant de votre réveil.

(Aux maris.)

D'une trop longue léthargie,
Maris, sortez à votre tour.

LES MARIS.

C'est singulier ! déjà le jour !

L'AMOUR.

Au moins, une fois dans la vie,
Soyez réveillés par l'amour.

BELLE-BELLE *et sa suite.*

Air : *Vaud. du Pont des arts.*

A table, courons ensemble !
A l'appétit que je sens,
Sur ma parole il me semble,
N'avoir mangé de cent ans.

L'AMOUR.

On prétend que qui dort dine ;
J'ai pitié de vous, pourtant,
Et dans la chambre voisine,
Le déjeuner vous attend.

(Tous en sortant.)

A table, courons ensemble, etc.

FORTUNÉ, *retenant par le peignoir Belle-Belle, qui veut suivre les autres.*

Hé quoi ! vous vous dérobez ?

(Le peignoir lui reste à la main, et Belle-Belle paraît richement vêtue à l'espagnole.)

BELLE-BELLE.

Pourquoi veux-je fuir, et ne le peux-je ?

(L'Amour frappe la terre du pied ; on en voit sortir un char très-léger, traîné par des papillons, il y monte, et sort.)

SCENE III.

BELLE-BELLE, FORTUNÉ.

FORTUNÉ.

Maintenant que nous voilà seuls, peut-on vous demander comment vous avez passé la nuit ?

BELLE-BELLE.

Avant tout, faites-moi le plaisir de me dire qui vous êtes : une femme honnête est toujours bien aise de savoir à qui elle a affaire.

FORTUNÉ.

Vous parlez au plus brave de tous les chevaliers, au plus sentimental de tous les amans, au plus.... (*appercevant un ligament de soie noire à la main droite de Belle-Belle.*) mais que vois-je ? vous vous êtes blessé la main !

BELLE-BELLE.

Oui, je me la suis percée hier soir avec un fuseau.

FORTUNÉ, *riant.*

Hier soir !... la veille de la naissance de mon grand père !... vous devez être guérie. Permettez...

BELLE-BELLE.

Ne touchez pas. Le docteur qui m'a pansée, doit venir lever l'appareil ce matin.

FORTUNÉ.

Ce matin ! ne l'attendez pas, croyez-moi.

BELLE-BELLE.

Pourquoi cela ?

FORTUNÉ.

C'est qu'il y a soixante-dix-neuf ans qu'il est mort.

BELLE-BELLE.

Soixante-dix-neuf ans !

FORTUNÉ.

Oui, la même année que feu votre illustre époux, dont il était médecin, du moins s'il faut en croire les gazettes du tems.

BELLE-BELLE.

Ainsi, me voilà veuve !

FORTUNÉ.

Un peu.

BELLE-BELLE.

A votre compte, quel âge aurais-je donc ?

FORTUNÉ.

Cent vingt ans, environ.

BELLE-BELLE, *riant.*

Convenez, en tout cas, que je suis bien jeune pour mon âge.

FORTUNÉ.

Il y a de bonnes raisons pour cela.

BELLE-BELLE, *à part.*

Il est décidément fou! oui, oui, ce chevalier l'est.

FORTUNÉ.

Air: *de M. Guillaume.*

Depuis cent ans, sur ce lit endormie,
Vous existiez, sans amour, sans désirs,
Sans espoir, sans esprit, sans vie,
Sans faim, sans soif et sans plaisirs.

BELLE-BELLE, *parlant.*

Cependant, ce qu'il dit là n'est pas dépourvu de sens.

FORTUNÉ, *continuant l'air.*

Pour vous venger de ce pénible jeûne,
Le tems respecta vos appas;
Et vous sentez qu'on reste long-tems jeune,
Lorsqu'on ne vieillit pas.

BELLE-BELLE, *à part.*

Dirait-il vrai? (*haut.*) et mes deux enfans, Aurore et Petit-Jour?

FORTUNÉ.

Victimes, comme vous, de la haine de l'Ogresse, Aurore et Petit-Jour ont, comme vous, dormi jusqu'à l'heure qu'il est.

BELLE-BELLE.

C'étaient de petits gaillards bien éveillés.

FORTUNÉ.

Ils doivent l'être encore depuis qu'ils ont cessé de dormir, car ils n'ont pas plus vieilli que vous.

BELLE-BELLE.

Et mon dernier enfant, Fanfan?

FORTUNÉ.

Oh! lui, comme vous l'aviez mis en nourrice assez loin d'ici, il a eu le bonheur d'échapper aux persécutions de votre implacable ennemie; et si le petit bonhomme vit encore, il doit avoir de 104 à 105 ans, tout au plus.

BELLE-BELLE.

Ce pauvre petit! il y a un siècle que je n'ai eu le plaisir de le voir.

FORTUNÉ.

Oui, il y a à-peu-près cela.

BELLE-BELLE.

Que j'aurais de satisfaction à le presser sur mon sensible cœur ! Mais non, non, je ne puis croire tout ce que vous me dites ; c'est des bêtises.

FORTUNÉ.

Moi, dire des bêtises ! vous me prenez pour un autre ; et pour mieux vous convaincre de ce que j'ai l'honneur de vous avancer, (*il l'attire à lui*) prenez la peine de jeter l'œil sur votre main, et vous verrez que la blessure n'est pas d'hier.

BELLE-BELLE.

Voudriez-vous me faire le plaisir de défaire ce nœud ?

FORTUNÉ.

D'autant plus facilement, que j'ai toujours des ciseaux dans ma poche.

(*Il tire une grande paire de ciseaux et coupe le ruban.*)

BELLE-BELLE, *regardant son mal.*

Ah ! mon dieu !

FORTUNÉ.

Cela vous coupe la parole, et vous avez la preuve en main.

BELLE-BELLE.

Pas la moindre douleur ! pas la moindre marque... Me pardonnerez-vous de vous avoir dit une sottise ?

FORTUNÉ, *lui rendant l'appareil.*

Je vous rends l'appareil... et je n'ai plus qu'un désir, c'est de vous faire au cœur une autre blessure, pour laquelle tous les appareils du monde ne soient que bibus.

BELLE-BELLE.

Bi ?...

FORTUNÉ.

Bus.

BELLE-BELLE.

Bibus ! quel est ce langage ?

FORTUNÉ, *exalté.*

C'est celui d'un chevalier qui a juré de cesser de vivre, pour arracher la beauté malheureuse et l'innocence persécutée, à la griffe diabolique d'une puissance infernale ; qui jure de combattre à pied comme à cheval tous vos ennemis morts ou vivans, tant que le corps lui battra dans l'âme, et qui jure enfin de tout tenter, de tout hasarder, de tout faire pour être votre époux, et qui n'ira pas chercher le voisin pour cà.

(L'orchestre commence l'air : *la beauté fait toujours voler à la victoire.*)

BELLE-BELLE.

Vous allez trop loin, Seigneur, et je vois qu'il est tems que je me retire. (*Fausse sortie.*)

FORTUNÉ, *la retenant.*

Non, restez, madame; ce n'est pas parce que vous êtes là que je vous dis cela; vous n'y seriez pas, que je vous le dirais tout de même.

BELLE-BELLE, *minaudant.*

Seigneur, je ne puis vous dissimuler l'intérêt que m'inspire le dévouement sans borne et sen...timental que vous me témoignez; mais plus vous m'intéressez, plus je dois craindre de vous exposer à des dangers aussi périlleux.

FORTUNÉ.

Des dangers périlleux! ah! madame, s'il y en avait, vous ferais-je une pareille proposition? Foi de chevalier, pas çà à craindre pour moi. (*il se touche la dent avec l'ongle.*)

BELLE-BELLE.

En ce cas, je m'abandonne à votre courage, et je vous accepte pour mon chevalier.

FORTUNÉ, *rayonnant de joie.*

Air : *de la Caravanne.*

Je ris du péril qui m'entoure,
J'ai votre cœur, je ne crains rien.

BELLE-BELLE, *à part.*

Que j'aime cet air de bravoure!
Que j'aime ce noble maintien!

Ensemble.

FORTUNÉ.

Je ris du danger qui m'entoure,
Je suis aimé, je ne crains rien.

BELLE-BELLE.

Que j'aime cet air de bravoure!
Auprès de lui je ne crains rien.

SCENE IV.

Les Précédens, CASCARET, *accourant, effrayé, et suivi de tous les dormeurs de la première scène.*

CASCARET.

Ah! monsieur, sauve qui peut! sauve qui peut!

FORTUNÉ, *mettant la main sur la garde de son épée.*

Eh! bien, qu'est-ce donc, Cascaret?

CASCARET.

L'Ogresse me poursuit; elle est sur mes talons.

FORTUNÉ.

L'Ogresse!

BELLE-BELLE.

Ma persécutrice ! ciel !

FORTUNÉ *tremblant.*

Vous tremblez, Madame ; oubliez-vous que je suis là ?

CASCARET.

Monsieur, je ne sais pas si c'est l'effet de la berlue, mais j'ai cru lui voir deux ou trois rateliers.

FORTUNÉ.

Fantôme d'une frayeur fantastique !

CASCARET.

Mais, à propos de ratelier, où croyez-vous que sont nos chevaux ?

FORTUNÉ.

Mais imbécille, à l'écurie.

CASCARET.

Pas du tout, Monsieur, à la broche.

TOUS.

A la broche !

BELLE-BELLE.

Quel appétit !

L'OGRESSE, *en dehors.*

Je le trouverai ! je le trouverai !

FORTUNÉ.

Mes amis, je l'entends. Feignez de redormir, et prenez l'attitude où vous étiez au moment de votre réveil. (*à Belle-Belle.*) Vous, madame, rejettez-vous sur votre lit. Quant à nous, Cascaret, c'est le moment de nous montrer, cachons-nous.

CASCARET.

De tout mon cœur.

(*Belle-Belle se remet sur son lit. Chacun reprend l'attitude qu'il avait au lever de la toile. Fortuné se cache derrière les rideaux du lit, et Cascaret sous une table.*)

SCÈNE V.

Tout le Monde en attitude. L'OGRESSE.

L'OGRESSE, *arrive en flairant.*

Il est ici, je le sens. Justement j'ai faim ; il ne pouvait venir plus à propos. Je déjeûnerai avec ; ne fût-ce que pour le punir d'avoir osé pénétrer jusqu'ici.

CASCARET *à part.*

Elle ne fera de moi qu'une bouchée.

L'OGRESSE.

Mais cet étranger, à qui j'ai fait peur, ne serait-il pas le brave chevalier qui doit venir au bout de cent ans, éveiller ma dormeuse. Le terme serait-il expiré?... Voyons donc; c'était dans l'an... au mois de... nous tenions le... et nous sommes au... ma foi, je m'embrouille; je n'ai jamais pu me faire aux dates. Consultons mon ami Belphégor, il est chef des démons, nous sommes fort bien ensemble, et il sera assez aimable pour me dire çà au plus juste.

(Elle agite sa baguette en formant différens cercles. Le théâtre s'obscurcit et s'entrouvre. Des flammes en sortent, et un diable noir paraît.)

CASCARET.

Voilà le four qui chauffe.

FORTUNÉ.

C'est bien le diable !

LE DIABLE.

Si, trahissant ce soir la beauté qu'il adore,
Le prince Fortuné ne te donne sa foi,
Ce jour est le dernier qu'à ta faim carnivore
Accorde des destins l'irrévocable loi.
Profite bien du tems, mange, avale, dévore,
Un carême éternel demain naîtra pour toi.

(Une musique sinistre se fait entendre pendant ce jeu de scène.)

L'OGRESSE.

Moi, condamnée à un carême éternel, si je n'épouse pas aujourd'hui même !... ah ! je l'épouserai. Peut-être ne suis-je plus de la première jeunesse; mais je saurai bien lui faire oublier cela je serai si aimable, si gentille; je lui ferai des petites mines si drôles, des petits yeux si doux, qu'il faudra bien qu'il y morde. Au surplus, comme il est possible que mon amoureux manège échoue...

Air : *Il faut que l'on file, file.*

Avant ce honteux carême,
Vite un plat de mon métier;
Faisons, dans ma rage extrême,
Rotir jusqu'au cuisiner.
Tandis qu'encore immobile,
Tout le monde ici tranquille
Ronfle et se livre à mes coups,
A la file, file, file, file,
Je vais les embrocher tous.

(Les dormeurs qui ont tout entendu, sortent à tâtons en chantant.)

Il faut que je file, file, file, file,
Il faut que je file doux.

SCENE VI.

(*Le théâtre s'éclaircit.*)

BELLE-BELLE, *dormant,* FORTUNÉ, *caché derrière le rideau*, et CASCARET, *sous une table.* L'OGRESSE.

L'OGRESSE, *s'apercevant de la fuite des dormeurs.*

Que vois-je ! il n'y a plus personne ! mon bon ami Belphegor me l'avait prédit... mais si Belle-Belle n'est pas partie, elle est encore là.

(*Elle entr'ouvre les rideaux.*)

Air : *de la Sentinelle.*

De ma captive, approchons doucement ;
Elle s'agite, elle ouvre la paupière,
Non loin d'ici, sans doute est son amant,
Ah ! quel bonheur si je pouvais lui plaire !
Mais pour qu'il perde sans retour
L'espoir de délivrer sa belle,
Oui, pour la soustraire à l'amour,
De son lit faisons une tour.

L'AMOUR, *à Fortuné.*

Moi, je t'en ferai sentinelle.

L'OGRESSE.

De son lit, je fais une tour,

(*L'Ogresse touche de sa baguette le lit qui se transforme en tour. Le théâtre change et représente une forêt ; et la table, en se retirant, laisse voir Cascaret le nez contre terre et tremblant de tous ses membres.*)

L'AMOUR, *agitant son flambeau sur Fortuné.*

Et moi je t'en fais sentinelle.

(*Fortuné se transforme en sentinelle, armé d'une lance.*)

CASCARET, *à terre.*

Miséricorde ! je ne m'attendais pas à pareil tour.

L'OGRESSE, *voyant Cascaret à terre et flairant.*

Ah ! ah ! un homme ! c'est mon cher chevalier. Si je pouvais le faire consentir...

CASCARET, *à part.*

Il faut la flatter.

L'OGRESSE, *se radoucissant.*

Levez-vous, prince.

CASCARET.

Elle me prend pour mon maître ; laissons-lui cette idée, peut-être ça me vaudra quelque douceur.

L'OGRESSE, *à Cascaret.*

Je me suis apperçue, ce matin, que mon premier aspect vous avait fait un peu peur; mais à présent, comment me trouvez-vous?

CASCARET.

Très-appétissante.

L'OGRESSE.

Et moi, je te trouve à croquer.

CASCARET, *à part.*

Voilà tout ce que je craignais.

L'OGRESSE.

Je vais te faire une proposition qui te paraîtra un peu brusque; mais à mon âge on n'a pas le tems d'attendre.

CASCARET.

O ciel! où veut-elle en venir?

L'OGRESSE.

Tu trembles; suis-je donc si effrayante! rassure-toi.

Air : *Oui noir, mais pas si diable.*

On n'est pas si diablesse,
Qu'on peut en avoir l'air.
Quoique de race ogresse,
Je sens, (*bis*) que tu m'es cher;
Je veux faire ton sort.

CASCARET, *à part.*

Je suis un homme mort!

L'OGRESSE.

Compte sur mes promesses.

CASCARET.

Peste de ses tendresses!

L'OGRESSE.

Te manger... de caresses,
Est mon vœu le plus doux:
Chou; chou. (*bis.*)
Ah! deviens (*bis*) mon époux. (*bis.*)

CASCARET.

Moi, votre époux!

L'OGRESSE.

Oui, tu es digne de ce titre.

CASCARET.

Vous me flattez.....

L'OGRESSE.

Non, c'est la vérité qui te parle par ma bouche.

CASCARET, *à part.*

C'est donc une bien grande vérité!

L'OGRESSE, *lui donnant un anneau.*

Et s'il t'en faut un gage, en voici un à valoir.

CASCARET, *effrayé.*

A valoir!

L'OGRESSE.

Sur les présens de noces que je te destine.

CASCARET.

Que faire?

L'OGRESSE, *lui prenant la main.*

Voyons s'il t'ira bien. (*La main de Cascaret tremble, de manière qu'elle ne peut pas mettre l'anneau.*) Mais ne remue donc pas tant.

CASCARET.

Aïh! comme ça brûle! c'est donc l'anneau du diable!

(*On entend un bruit sourd, une flamme brille, et une voix prononce les mots suivans :*)

« Que fais-tu, imprudente? tu t'abuses, tu crois parler au » prince Fortuné, et tu ne parles qu'à son valet. »

L'OGRESSE, *furieuse, et ayant repris sa bague.*

A son valet! Ah! drôle, il t'en cuira de t'être frotté à la reine de Mataquin.

CASCARET.

Grace, madame l'Ogresse! grâce!

L'OGRESSE.

Holà, cuisiniers, marmitons, maître-d'hôtel, écuyers tranchans, accourez tous.

CASCARET, *à part.*

A quelle sauce va-t-on me mettre?

SCENE VII.

Les précédens, LE MAITRE-D'HOTEL, ÉCUYERS.

CHOEUR.

Air : *De madame Scarron.*

Compagnons (*bis*) obéissons vite.
Aux ordres pressans
De la maîtresse de céans.
réparons (*bis*) four, broche et marmitte,
Et flattons ses got's
Par les plus friand des ragouts.

L'OGRESSE *à ses gens.*

Emparez-vous de cet homme
Qui vient ici m'outrager.
Qu'on l'écorche, qu'on l'assomme,
Et dans le garde-manger,
Au croc, allez le suspendre.
Demain, rôti sans pitié,
Il en sera plus tendre.

CASCARET, *suppliant.*

Je suis mortifié.

CHOEUR.

Compagnons, etc.

(*On entraîne Cascaret qui se débat.*)

L'OGRESSE, *à Fortuné.*

Quant à toi, sentinelle. (*Elle lui parle à l'oreille, Fortuné lui répond de même. L'Ogresse refait le même mouvement.*)

FORTUNÉ, *après avoir écouté et lui avoir répondu à l'oreille.*

C'est entendu.

(*L'Ogresse sort.*)

SCENE VIII.

FORTUNÉ, *seul.*

Ce pauvre Cascaret! que de désagrémens il éprouve pour moi! Je le vois déja à la broche comme nos chevaux. Si la tête ne lui en tourne pas, il aura bien du bonheur.... mais peut-il m'en vouloir, et suis-je plus heureux que lui? séparé de celle que j'aime par un mur de je ne sais combien d'épaisseur.... Ah! si du moins ma voix était assez perçante pour frapper son oreille, et pénétrer jusqu'à son cœur à travers ces pierres..... Ah! bah! Cependant essayons.

Air : *Du Troubadour.*

Que j'entende d'ici
Une chanson nouvelle,
Ne fut-ce, Belle-belle,
Que *Dupont, mon ami*,
Je lève en vain le né
Au haut de la tourelle..
M'entends-tu? l'entend-elle?
Malheureux Fortuné!

Est-ce qu'elle se serait réendormie ?...... S'il y avait au moins quelque moyen de l'enlever..... (*Il regarde partout.*) ni portes, ni fenêtres..... cruel embarras! et comment en sortir ?

(*Il tombe absorbé dans ses réflexions, sur un banc, au pied de la tour. Des nuages se répandent sur la tour. Belle-Belle paraît sur la terrasse.*)

BELLE-BELLE.

Ah! mon dieu! comme le tems se couvre! nous allons avoir de l'orage.

SCENE IX.

LES PRÉCEDENS, L'AMOUR.

(*Un nuage s'écarte, et laisse voir l'Amour qui s'est arrêté au niveau de la terrasse de la tour.*)

L'AMOUR.

Au contraire, je t'annonce le beau tems.

BELLE-BELLE.

Ah! le joli baromètre!

(*L'Amour lui offre la main, et la fait passer sur son nuage.*)

L'AMOUR, *pendant qu'il descend.*

Air : *Du haut en bas.*

Du haut en bas,
Tu peux descendre sans rien craindre,
Du haut en bas,
Viens, ton amant te tend les bras,
L'Amour ne peut pas voir se plaindre,
Belle comme toi, faite à peindre
Du haut en bas.

FORTUNÉ, *étendant la main, et faisant le mouvement de quelqu'un qui sent du froid.*

Le serein commence à tomber.

(*Il prend son casque qu'il avait posé près de lui, et se lève avec un air chevaleresque.*)

Mais n'importe : Belle-Belle, quelque tems qu'il fasse, je réponds de toi sur ma tête. (*Il met son casque; il apperçoit en se retournant l'Amour et Belle-Belle qui ont mis pied à terre.*) Ciel! que vois-je? je tombe des nues!

BELLE-BELLE.

Moi de même, et voilà mon conducteur.

FORTUNÉ.

L'Amour! Ah! je reconnais bien là le plus zélé de mes amis! Que faut-il faire pour vous témoigner notre reconnaissance ?

L'AMOUR.

Vous bien aimer.

BELLE-BELLE, *minaudant.*

C'est déjà fait.

L'AMOUR.

Vous unir.

FORTUNÉ.

Ça se fera.

L'AMOUR.

Oui, en dépit de l'Ogresse.

FORTUNÉ.

Et de ses dents.

BELLE-BELLE.

Quelles étaient longues, les heures que j'ai passées loin de toi!

L'AMOUR.

Oui, mais j'étais là.

Air : *Sans un petit brin d'amour.*

Méchans, craignez des amours,
Les traits piquans, les malins tours;
Tombez grilles, murs et tours,
A la voix des amours.
(*Aux amans.*)
Craignez,

FORTUNÉ.

Non, non.

L'AMOUR.

D'un malfaisant génie,
Craignez...

FORTUNÉ.

Non, non,

L'AMOUR.

Le souffle impur;

BELLE-BELLE.

Je crains...

FORTUNÉ.

Pour toi, je donnerais ma vie,

L'AMOUR.

Fuyez.

BELLE-BELLE.

Fuyons.

FORTUNÉ, *hésitant et finissant parcèder.*

C'est le plus sûr.

TOUS.

Méchans, craignez des amours,
Les traits piquans, les malins tours;
Tombez grilles, murs et tours
A la voix des amours.

La tour disparait. Fortuné et Belle-Belle sortent.)

SCENE X.

L'AMOUR, *seul.*

Encore deux heureux à ajouter à ceux que je fais chaque jour ! qu'on dise encore que je ne me plais qu'à faire des victimes ! il est vrai que le désordre a quelque charme pour moi; mais la sagesse est-elle de mon âge, et d'ailleurs, messieurs les moralistes, convenez que si l'amour fait du mal, personne n'en meurt.

Air: *Un page aimait la jeune Adèle.*

Veiller, courir les nuits entières,
Tourmenter mamans et maris;
Dans les jardins, jeter des pierres,
Voilà mes plaisirs favoris.
Et las de courir les ruelles,
Lorsque je vois le jour venir,
Je m'affaiblis, et sans mes ailes,
Je ne pourrais me soutenir.

(*Il étend les bras, soupire et s'assied sur son nuage.*)

D'où vient donc, d'où vient ce soupir?
Malgré moi, je vais m'assoupir...
Mon œil se ferme, il faut dormir...

(*Il s'endort*)

SCENE XI.

Le théâtre s'obscursit aussitôt que l'Amour est endormi. Les démons, Belphégor à leur tête, sortent de dessous terre et s'approchent du nuage où repose l'Amour.

CHŒUR DE DÉMONS.

Air: *de la chasse du Roi et le Fermier.*

Montons
Et profitons
Du moment où ce dieu si fort
S'endort,
Pour lui
Ravir l'appui
Qui détruit de notre courroux
Les coups.
Oui, pour
Vaincre l'amour,
Dérobons-lui carquois, bandeau,
Flambeau.
Jetons-nous tous sur lui,

(*S'élançant tous vers l'Amour.*)

Oui...

L'AMOUR, *s'éveillant et s'élevant dans les nues.*

Ce n'est pas pour aujourd'hui.

BELPHÉGOR.

Il nous échappe.

CHŒUR DE DÉMONS.

Air : *de la Fricassée.*

Démons, par l'Amour outragés,
De cette offense,
Sachons tirer vengeance.
Courons, cherchons ses protégés,
Que par l'Ogresse ils soient tous deux mangés.

BELPHÉGOR.

Oui, voici leur dernier jour,
S'ils brûlent des feux d'amour,
Précipités dans un four,
Ces amans vont sous peu
Brûler d'un autre feu.

CHOEUR.

Démons, par l'Amour outragés, etc.

(*Ils sortent pour courir après Belle-Belle et Fortuné. Le théâtre change.*)

SCÈNE XII.

(*Le théâtre représente l'intérieur d'une cuisine du palais de l'Ogresse. On voit des marmites, des casseroles et des couteaux de grande dimension, et le cheval de Fortuné à la broche.*)

BARBARO, CASCARET.

(*Cascaret entre, en fuyant le cuisinier qui le poursuit.*)

CASCARET.

A l'aide ! au secours ! je suis mort !

BARBARO.

Oh ! tu as beau courir, tu as beau courir, tu ne m'échapperas pas.

CASCARET.

Grâce, M. le cuisinier ; que diable voulez-vous faire de moi ? je suis un fort mauvais manger.

BARBARO.

Oh ! je m'y connais. De l'embonpoint, de la fraîcheur, de la jeunesse, voilà de quoi faire une daube excellente.

CASCARET.

Non, vrai, vous avez trop bonne opinion de moi; je suis extraordinairement coriace, et par conséquent indigeste; et si vous voulez régaler votre maîtresse, vous ferez cuire un autre animal à ma place.

BARBARO.

Allons donc, elle s'apercevrait de la différence.

CASCARET.

Je vous assure que non; ce sera à s'y méprendre, et puis, M. le chef, vous arrangez cela à votre manière, et la sauce fera passer le poisson.

BARBARO.

Oh! que non. Je n'entends pas tout cela, et tout ce que je puis faire pour vous obliger, c'est de vous laisser le choix du plat que je ferai de vous.

CASCARET.

Air : *Allons, vite, prenez le patron.*

A vos pieds
Hélas! vous me voyez.

BARBARO.

En salmis,
Coquin, tu seras mis.

CASCARET.

Ce ragoût
Ne vaudra rien du tout.

BARBARO.

Je te promets qu'il sera bon,

CASCARET.

Non.
Daignez par pitié,
Par amitié...

BARBARO.

Non, non, tu cuiras,
Tu grilleras,
Tu rôtiras.

CASCARET.

Rotir! ventrebleu!
Morbleu
Corbleu!

BARBARO.

Tu jures, je crois?

CASCARET.

N'est-ce pas la dernière fois!
Après tout,
Puisqu'on me pousse à bout,
Et qu'enfin
C'est aujourd'hui ma fin,

Du repas
Que prépare ton bras,
Je ne ferai pas seul les frais.

(Il saisit une chaise dont il veut frapper le cuisinier)

SCENE XIII.

Les Précédens, L'OGRESSE.

L'OGRESSE, *entre furieuse et achève l'air.*

Paix.

Barbaro !

BARBARO.

Madame !

L'OGRESSE.

Belle-Belle s'est échappée.

BARBARO.

Comment cela ?

L'OGRESSE.

C'est ce que je ne sais pas.

BARBARO.

Par où ?

L'OGRESSE.

C'est ce que j'ignore.

BARBARO, *se disposant à sortir.*

Cela suffit.

L'OGRESSE.

Eh ! bien., où cours-tu, imbécile ?

BARBARO.

Après elle.

L'OGRESSE.

Demeure.

BARBARO.

Qu'ordonnez-vous ?

L'OGRESSE.

Que ses enfans meurent.

BARBARO.

Quand, Madame ?

L'OGRESSE.

Sur l'heure.

BARBARO.

A quelle sauce faut-il les mettre ?

L'OGRESSE.

A la meilleure.

BARBARO.

Mais encore...

L'OGRESSE.

Au beurre.

BARBARO, *sortant.*

A la bonne heure.

L'OGRESSE, *à Cascaret.*

Toi, tu ne recules que pour mieux sauter.

CASCARET, *à part.*

Haie ! je m'en croyais quitte.

L'OGRESSE.

Air : *du Mirliton.*

Sur les enfans de la reine,
Quand mon estomac glouton
Aura satisfait ma haine,
Je te ferai, mon garçon,
Mettre en miroton,
Miroton, mirontaine,
Mettre en miroton,
Ton, ton.

SCENE XIV.

Les Précédens, BARBARO.

BARBARO, *accourant.*

Madame, grande nouvelle !

L'OGRESSE.

Eh! bien, qu'est-ce encore ? cet homme-là me fait des révolutions...

BARBARO.

Belle-Belle est retrouvée.

L'OGRESSE, *avec satisfaction et ouvrant une large bouche.*

Ah !

BARBARO.

Avec son cher Fortuné.

L'OGRESSE, *de même.*

Bah ! et où sont-ils ?

BARBARO, *montrant l'endroit par où on les amène, et imitant l'Ogresse.*

Là !...

SCENE XV.

Les Précédens, BELLE-BELLE et FORTUNE, *ramené par les diables.*

CHOEUR DE DÉMONS.

Air : *de la Gavotte.*

Viens, viens, viens,
Couple coupable et fidèle,
Viens, viens, viens,
Te voilà dans nos liens.
Crains, crains, crains,
Puisque le diable s'en mêle
Crains, crains, crains..

FORTUNÉ.

Peste soit de leurs crains, crains!
Vous tirez trop fort...

CHŒUR.

Non,

BELLE-BELLE.

Vous me chiffonnez.

CHŒUR.

Non.

FORTUNÉ.

Messieurs, songez donc...

CHŒUR.

Non.

BELLE-BELLE.

Que je suis femme.

CHŒUR.

Non.
Pour toi, femme ou non,
Point de pardon, non, non,

BELLE-BELLE.

Il chante la gavotte.

FORTUNÉ.

Comme si nous étions à la nôce!

CASCARET.

Je vois bien que nous allons tous la danser.

L'OGRESSE, *à Belle-Belle.*

Eh! bien rebelle Belle-Belle, tu mets enfin les pouces?

BELLE-BELLE.

Oui, mais je puis encore lever le pied.

L'OGRESSE, *à Belle-Belle.*

Tu raisonnes, je crois?
Va, ne perds pas le tems en projets superflus;
Lorsque j'aurai dîné, tu n'existeras plus.

BELLE-BELLE.

Quelle douce perspective!

L'OGRESSE, *à Fortuné, qui a les bras liés sur le dos.*

Et toi, preux chevalier, tu mords les doigts.

FORTUNÉ.

C'est impossible!... mais j'ose attendre encore une preuve de votre bonté.

L'OGRESSE.

Parle.

FORTUNÉ, *chantant.*

Femme sensible!...

L'OGRESSE.

Ne chante pas, parle.

FORTUNÉ.

Daignez me recevoir sur votre table à la place de cette intéressante créature.

L'OGRESSE, *le regardant des pieds à la tête, d'un air dédaigneux.*

Toi, tu n'es ni bon à rôtir, ni à bouillir.

CASCARET.

Qu'il est heureux!

L'OGRESSE, *à Fortuné.*

Mais sois tranquille, je te ferai engraisser, et plus tard, nous déjeûnerons ensemble. En attendant, conduisez la victime au lieu du sacrifice.

(Les démons entraînent Belle-Belle, qui s'arrache de leurs bras pour se précipiter dans ceux de Fortuné, qui, retenu par les gardes de l'Ogresse, est contraint de céder.)

CHOEUR DE DÉMONS.

Viens, viens, viens.

SCENE XVI.

FORTUNÉ, CASCARET.

FORTUNÉ.

Cascaret!

CASCARET.

Mon cher maître!

FORTUNÉ.

M'aimes-tu?

CASCARET.

En doutez-vous?

FORTUNÉ.

Ce n'est pas là ce que je te demande. M'aimes-tu?

CASCARET.

Quelle autre preuve vous en faut-il, que le courage que j'ai eu de vous suivre dans cet infernal coupe-gorge.

FORTUNÉ.

C'est vrai; je n'y pensais pas; mais j'en attends de toi une plus forte encore.

CASCARET.

C'est difficile.

FOREUNÉ.

C'est possible.

CASCARET.

Que faut-il donc faire ?

FORTUNÉ.

Tu vois que si mon insatiable ennemie m'avait trouvé digne de sa colère, ma princesse était sauvée.

CASCARET.

Oui, à quelque chose maigreur est bonne.

FORTUNÉ.

Dis plutôt que mon malheur est de n'avoir pas ton embonpoint : mais tout peut se réparer, si tu veux te prêter à ma demande.

CASCARET.

Ne suis-je pas votre très-humble valet ? ordonnez.

FORTUNÉ.

Air : *Que ne suis-je la fougère.*

Ami tendre, ami fidèle,
Belle-Belle doit périr !
Plus gros que moi, plus gras qu'elle,
A sa place va mourir..
(*Cascaret recule de frayeur.*)
Fais-moi ce beau sacrifice,
Et je te donne ma foi,
Que c'est le dernier service
Que j'exigerai de toi.

CASCARET.

Vous ne doutez pas, Monsieur, du plaisir que j'aurais à vous être agréable; mais avec tout le respect que je vous dois.....

FORTUNÉ.

Tu me refuses ?

CASCARET.

Je ne dis pas cela.

FORTUNÉ.

Tu consens donc?

CASCARET.

Je ne dis pas cela non plus.

FORTUNÉ.

Mais que dis-tu donc ?

CASCARET.

Je dis que ce n'était pas la peine d'avoir quitté mes pénates pour en venir là.

FORTUNÉ.

Et moi donc, n'ai-je pas quitté mes lares! esprit matériel! tu tiens à la vie d'une manière bien extraordinaire!

CASCARET.

Dame! je n'ai que çà au monde.

FORTUNÉ.

Mais sais-tu ce que c'est que la mort?

CASCARET.

Pas encore, dieu merci.

FORTUNÉ.

C'est pour cela que tu en as peur. Si tu étais mort seulement une fois dans ta vie, tu n'y penserais plus.

CASCARET.

J'en suis persuadé, mais en attendant, permettez....

FORTUNÉ, *chantant.*

« La mort n'est rien, c'est notre dernière heure. »

CASCARET.

Je devine ce que vous allez me dire là-dessus..... « Et ne faut-il pas que je meure! » Mais tout cela n'est pas une raison pour que je me tue.

FORTUNÉ.

En ce cas, je me tais.

(On entend les sons du tam-tam, de la cloche, du tambour et de la trompette.)

Tiens, cœur de roche, entends-tu le funeste signal?

CASCARET.

A moins d'être sourd.

FORTUNÉ.

Et non est toujours ton dernier mot?

CASCARET.

Oui.

FORTUNÉ.

Courons donc sauver la victime, ou rôtir avec elle.

(Il va pour sortir, Barbaro arrive, et les en empêche.)

SCENE XVII.

LES PRECÈDENS, BARBARO.

BARBARO, *arrêtant Fortuné.*

Elle ne rôtira pas.

CASCARET et FORTUNÉ.

Quelle félicité!

BARBARO.

L'Ogresse vient d'inventer pour elle un supplice nouveau.

FORTUNÉ et CASCARET.

Quelle atrocité!

BARBARO.

Et précipitée dans une cuve ardente, elle y sera livrée aux serpens, aux couleuvres et autres reptiles, pour en devenir la proie.

FORTUNÉ.

La proie! (*on entend la marche.*) Ciel! je l'apperçois; si on me voit, je risque d'être victime comme elle, et toute réflexion faite, j'aime mieux vivre pour la pleurer.

(*Il sort.*)

CASCARET, *à part, en sortant.*

Le brave homme!

(*Le théâtre représente une salle souterraine, au milieu de laquelle est une grande cuve remplie de serpens qui s'agitent en tous sens. Belle-Belle, entourée des exécuteurs des ordres de l'Ogresse, marche couverte d'un crêpe noir.*)

SCENE XVIII.

BELLE-BELLE, BELPHEGOR, DÉMONS, etc.

LES DÉMONS.

Air : *On va lui percer le flanc.*

Belle-Belle va périr,
Eh ! gai, gai, c'est l'instant de nous rejouir,
Belle-Belle va périr...
Ah ! la bonne journée. (*bis.*)

BELLE-BELLE.

Victime infortunée !

LES DÉMONS.

Elle a beau pleurer, gémir,
Eh ! gai, gai, pour sa peine et notre plaisir,
Démons, faisons la souffrir,
Comme une âme damnée.

BELLE-BELLE, *interrompant la marche.*

Air : *Toto Carabo.*

Dieux ! quel affreux spectacle !
Pour mon sensible cœur,
Quelle horreur !
Cher amant, quel obstacle
Retient encor tes pas
Et ton bras !

(*On entend le son du serpent dans l'orchestre.*)

Quand je vais périr
Au lieu d'accourir
Et de me secourir,
Me lairas-tu mourir !

On entend le son du serpent dans l'orchestre.)

BELLE-BELLE.

Des serpens jusques dans leur musique!

SCENE XX.

Les précédens, FORTUNÉ, CASCARET.

FORTUNÉ, *arrive en courant sans voir la cuve ; il se jette le nez sur les serpens.*

Arrêtez, arrêtez, monstres inhumains ! Dieux! pour qui sont ces serpens qui me sautent aux yeux ?

BELLE-BELLE.

Pour moi.

FORTUNÉ.

Non, je saurai déjouer leurs manœuvres.
Tremblez, crapauds, serpens, vipères et couleuvres.

UN DIABLE.

Il faut une victime.

FORTUNÉ.

Cascaret, une fois, deux fois, trois fois, veux-tu me faire le plaisir que je te demande ?

CASCARET.

Pour la dernière fois, non, Monsieur.

FORTUNÉ.

Tu n'auras pas lieu de t'en repentir.

CASCARET.

C'est possible.

FORTUNÉ.

Songe que dans une minute il ne sera plus tems. Voilà la cuve, au nom de ce que tu as de plus cher, jette-toi z'y.

CASÇARET.

Monsieur, au nom de ce que vous avez de plus sacré, dispensez-moi z'en.

BELLE-BELLE.

Quel entêtement !

FORTUNÉ, *à Belle-Belle.*

Vous le voyez, ce n'est pas ma faute.

SCENE XXI.

Les précédens, L'OGRESSE, PETIT-JOUR, AURORE.

L'OGRESSE, *amenant les deux enfans.*

Suspendez le supplice.... Je veux pour completter ma vengeance, que ces deux enfans ouvrent le bal.

BELLE-BELLE.

Ciel ! mon Petit-Jour et mon Aurore !

L'OGRESSE.

Oui, tu as vu le dernier jour de ton Aurore, et la dernière aurore de ton Petit-Jour.

BELLE-BELLE.

Air : *De la contredanse de la Légère.*

Voyez leur jeunesse,
Voyez leur faiblesse,
Voyez ma tristesse,
Voyez mon effroi!
Ah ! voyez leurs larmes,
Ah ! voyez leurs charmes,
Voyez mes allarmes,
Et ménagez-moi.

L'OGRESSE.

Non, que sur l'heure,
Chacun d'eux meure;
Qu'on rie ou pleure,
C'est ma volonté.
Vaine grimace !
Non, point de grâce,
Qu'on satisfasse
Ma férocité.

BELLE-BELLE, *aux genoux de l'Ogresse.*

Tigre que j'abhorre,
Hélas ! puis-je encore
Vivre sans Aurore
Et sans Petit-Jour !

L'OGRESSE.

Pour te satisfaire,
Tu vas, tendre mère,
Dans cette chaudière
Sauter à ton tour.

(*On la jette dans la cuve.*)

FORTUNÉ.

Agent du diable,
Monstre implacable !

Monstre exécrable !
Montre révoltant...

L'OGRESSE.

Au téméraire
Dont la colère
M'ose déplaire,
Qu'on en fasse autant.

(On jette Fortuné dans la cuve.)

CASCARET.

Ciel ! mon pauvre maître !
Ne faut-il pas être
Bien sournois, bien traître
Pour agir ainsi !

L'OGRESSE.

O comble d'audace !
Un valet menace
Et m'insulte en face !
Qu'il y passe aussi.

(On jette Cascaret dans la cuve.)

L'OGRESSE.

A présent que j'ai satisfait ma vengeance, courons satisfaire mon appétit.

(Elle va pour sortir; le tonnerre gronde, elle s'arrête immobile, à l'apparition de l'ombre du roi Cantalabutte et des flammes qui s'opposent à son passage.)

L'OGRESSE.

Ah ! mon dieu ! qu'est-ce que c'est que çà ? mes jambes m'abandonnent.

L'OMBRE.

Arrête ! ici pour toi, plus de repas à faire,
Et tu vas, de tes dents voir tomber la dernière.
Tu n'as pas épousé le prince Fortuné,
Belle-Belle triomphe, et ton heure a sonné.
Obéis à l'arrêt que ma bouche prononce.
Reine de Mataquin, disparais...

L'OGRESSE.

Ciel ! j'enfonce.

(Le spectre disparait, et l'Ogresse s'abime sous une pluie de feu, et frappée de la foudre.)

(Le théâtre s'éclaircit et se change en un palais, et la cuve en un trône sur lequel on voit Fortuné et Belle-Belle que l'Amour unit. Les deux enfans de Belle-Belle sont sur les marches du trône, auprès de Cascaret. Des dames et des seigneurs entourent le trône.)

CHŒUR.

Air : *Triomphez, bel Alcindor.*

Triomphez, en ce beau jour
L'amour vous venge et vous couronne.
Jouissez dans ce séjour
Des plaisirs que donne
L'Amour.

FORTUNÉ.

Belle Belle-Belle,
Nous l'échappons belle.

BELLE-BELLE.

Ciel ! un trône d'or !
Dors-je donc encore ?
Quelle robe !

FORTUNÉ.

Quel manteau !

BELLE-BELLE.

Ah ! que je suis belle !

FORTUNÉ.

Ah ! que je suis beau !

CHOEUR.

Triomphez en ce beau jour, etc.

FORTUNÉ, *à l'Amour.*

Grace à vous, nous pouvons nous flatter de revenir de loin.

BELLE-BELLE, *à l'Amour.*

Ah ! çà, mais vous étiez donc dans la cuve avec nous et les autres bêtes qui devaient nous manger ?

L'AMOUR.

L'Amour n'est-il pas un petit serpent qui se fourre par-tout?

FORTUNÉ.

Elle n'en sait rien, c'est si jeune.

CASCARET.

C'est vrai : cent vint ans.

L'AMOUR.

Air : *Partant pour la Syrie.*

Content de mon ouvrage,
Je vous fais mes adieux
Et vais dans mon voyage
Faire d'autres heureux.
Soyez, couple fidèle,
Unis dès cet instant.

FORTUNÉ.

J'épouse la plus belle.

BELLE-BELLE.

Et moi le plus vaillant.

J'espère que l'Amour nous fera l'amitié de rester quelque tems avec nous.

L'AMOUR.

Jusqu'au lendemain de vos noces.

FORTUNÉ.

Pourquoi pas plus tard ?

L'AMOUR.

C'est mon usage.

FORTUNÉ.

A la bonne heure, mais après les haut et les bas par lesquels nous avons passé, pour arriver au comble du bonheur, je ne puis m'empêcher de dire :

CHOEUR FINAL.

FORTUNÉ.

Air : *Gai, gai, marions-nous.*

Gai, gai, toujours le ciel
Récompense
L'innocence.
Gai, gai, toujours le ciel
Punit le cœur criminel.

CHOEUR.

Gai, gai, etc.

L'AMOUR, *à Belle-Belle.*

J'ai su, par un doux réveil,
Te venger d'un sort contraire ;
Mais sous les loix de mon frère,
Redoute un nouveau sommeil.

CHŒUR.

Gai, gai, etc.

FORTUNÉ, *à Belle-Belle.*

J'ai tout fait pour être à toi ;
Mais si j'avais cru, ma reine,
Qu'il m'en coutât tant de peine,
Je serais resté chez moi.

CHŒUR.

Gai, gai, etc.

CASCARET.

Broche, je ne te crains plus,
Et je trouve plus aimable
De déservir une table
Que d'être servi dessus.

CHŒUR.

Gai, gai, etc.

BELLE-BELLE, *au Public.*

Messieurs, d'un sommeil nouveau,
Pour m'épargner la durée,
Revenez chaque soirée
M'éveiller par un bravo.

CHŒUR.

Gai, gai, toujours le ciel
Récompense
L'innocence;
Gai, gai, toujours le ciel
Punit le cœur criminel.

FIN.

EXTRAIT DU CATALOGUE *des livres et pièces qui se trouvent chez J. N. BARBA, libraire Palais Royal, derrière le Théâtre Français, n°. 51, à Paris.*

ŒUVRES de PIGAULT-LEBRUN. 52 vol. in-12. 150 fr.
UNE MACÉDOINE, roman nouveau de Pigault-Lebrun (*venant de paraître*). 9 fr.
(Tous ses ouvrages se vendent séparément.)
Belle (la) au Bois dormant, vaud. en 2 actes, avec les airs notés, par MM. Bouilly et Dumersan. 1 fr. 80 c.
Deux Edmon, vaudeville en 1 acte, de Barré, Radet et Desfontaines. 1 fr. 25 c.
Deux Gendres (les), comédie en 5 actes, en vers, par M. Etienne. 2 fr.
Deux Lions (les), vaudeville en un acte, par Barré, Picard, Radet, Desfontaines. 1 fr. 25 c.
Epreuve (l'), ou la Double Etourderie, vaudeville à travertissement, à 2 acteurs, par les auteurs de *M. de la Hure*. 1 fr.
Expédiens (les), par MM. Dumolard et C. 1 fr. 25 c.
Grégoire (M.), ou Courte et Bonne, vaudeville en 1 acte, de Chazet, Merle et Desessart. 1 fr. 25 c.
Mariage (le) de Charles Collé, vaudeville en 1 acte d'Armand Gouffé, Simonnin et Brazier. 1 fr. 25 c.
Marquis (le) de Carabas, ou le Chat botté, folie-vaud. en 2 actes, par Brazier et Simonnin 1 fr.
M. de la Hure, ou le Troyen à Paris, vaudeville en 1 acte, de Després et Théodore. 1 fr.
Nuit (la) champêtre, vaudeville en 2 actes, de Mague Saint-Aubin, troisième édition. 1 fr. 25 c.
Petite (la) Cendrillon, ou la Chatte Merveilleuse, vaudeville en 1 acte de Désaugiers et Gentil. 1 fr. 25 c.
Petite (la) Gouvernante, coméd.-vaud. en 1 acte, de Moreau et Gentil. 1 fr. 25 c.
Poëte (le) et le Musicien, opéra-comique de Dupaty. 1 fr. 80 c.
Rentes (les) Viagères, vaudeville en 1 acte, de Martainville, deuxième édition. 1 fr. 25 c.
Saphirine, ou le Réveil magique, mélo-féerie en 2 actes, par Merle et Ourry. 1 fr.
Trois (les) Tantes, vaudeville en 1 acte, par Théodore. 1 fr.

www.ingramcontent.com/pod-product-compliance
Ingram Content Group UK Ltd.
Pitfield, Milton Keynes, MK11 3LW, UK
UKHW021040180726
13838UKWH00004B/1917

9 782329 3507